"Aprendamos Juntos"

Sexto Año

Español

Matemáticas

Ciencias Naturales

Geografía

Historia

Formación Cívica y Ét[illegible]

Introducción

Aprendamos Juntos es una guía escolar que constituye un excelente auxiliar didáctico para el sexto grado de educación básica primaria.

Este libro contiene actividades sencillas y muy divertidas para repasar los temas que sus hijos están aprendiendo en la escuela, como: Español, Matemáticas, Ciencias Naturales, Geografía, Historia y Formación Cívica y Ética.

Su amplio repertorio de actividades, basado en los programas oficiales, será el complemento ideal de lo aprendido en las clases.

Con su apoyo y esta guía, sus niños pasarán un rato entretenido reforzando sus conocimientos y habilidades, jugando.

ESPAÑOL

Pretérito y Copretérito

Conjuga en pretérito y copretérito los siguientes verbos.

BAILAR	PRETÉRITO	COPRETÉRITO
Yo	__________	__________
Tú	__________	__________
Él	__________	__________
Ella	__________	__________
Nosotros	__________	__________
Ustedes	__________	__________
Ellos	__________	__________

SUBIR	PRETÉRITO	COPRETÉRITO
Yo	__________	__________
Tú	__________	__________
Él	__________	__________
Ella	__________	__________
Nosotros	__________	__________
Ustedes	__________	__________
Ellos	__________	__________

Escribe las siguientes oraciones en pretérito y copretérito.

Mario juega en el equipo de tenis los sábados.

____

____

Julián canta en un grupo de rock durante las vacaciones.

____

____

Sandra y su prima hacen bolsas para la playa.

____

____

ESPAÑOL

Reglas de Acentuación

Completa las siguientes reglas de acentuación.

Las palabras ________ que terminan en otras letras, excepto n, s o __________ siempre se acentúan.

Todas las palabras _________________ se acentúan.

Se acentúan todas las palabras ____________ que terminan en n, ____ o vocal.

El acento _______________ se coloca sobre ciertas palabras para distinguir entre los diversos significados de una palabra.

Para diferenciar las oraciones _____________, _______________ o expresiones de carácter dubitativo, de las que no lo son.

Se acentúan las palabras para diferenciar entre un _____________ y un pronombre.

Acentúa correctamente, si es necesario, las siguientes palabras.

Gutierrez huesped mayuscula simbolo

peninsula diplomatico importancia orquidea

reunion capitan ferrocarril clamor

ventana digamelo maquina holgazan

virtud Perez util relampago

sabado bahia filosofia cristal

ESPAÑOL

Los Adverbios

Escribe que clase de adverbio es.

aquí	________	sólo	________
más	________	ciertamente	________
antes	________	después	________
menos	________	casi	________
deprisa	________	no	________
quizás	________	mientras	________
demasiado	________	delante	________

Forma adverbios con los siguientes adjetivos.

feliz	________	claro	________
rabia	________	sagaz	________
raro	________	anterior	________
suave	________	tonto	________
deliberado	________	educado	________
cierto	________	bello	________

Escribe una oración con los siguientes adverbios.

encima

____

jamás

____

tímidamente

____

demasiado

____

tampoco

____

ESPAÑOL

Conjunciones y Preposiciones

Completa las oraciones con las conjunciones del recuadro.

No quería atacarte _______ defenderte de los patos.
Juan juega al tenis _____ al fútbol.
Patricia pasó por detrás ______ no lo vio.
Está toda la escuela ______ no veo a mis compañeros del salón.
Clara no tenía ganas, _______________ terminó el trabajo.
Viajaré el domingo a Querétaro ____ iré a visitarte a tu casa.
No sé si saldré _____ me quedaré en casa viendo la televisión.

no obstante	sino	pero	e	y	o	mas

Subraya las preposiciones de las siguientes oraciones.

Vimos a Diego paseando con Rosa en el parque.
Sobre la alfombra encontrarás el juguete de María.
Ha pasado mucho tiempo desde que nos vimos.
La policía anda tras su pista.
Íbamos hacia la playa hasta que nos perdimos.

Subraya la opción correcta para completar las oraciones.

El coche giró y se dirigió ___ la plaza.
a) hacia b) hasta

He comprado este disco ___ Pepe.
a) para b) por

Estuve trabajando ___ la medianoche.
a) durante b) hasta

Mi casa está ___ la boca del metro.
a) en b) junto a

La carne estaba tan dura que no se podía cortar ni ___ el cuchillo.
a) con b) por

Uso de C, S y Z

Completa la siguiente tabla.

PALABRA	SIGNIFICADO
Bracero	
Brasero	
Asar	
Azar	
Cesión	
Sesión	
Abrazar	
Abrasar	
Cima	
Sima	

Completa las siguientes palabras escribiendo c, s o z.

contentí_____imo
jardin_____ito
tenta_____ión
generali_____ar
e_____en_____ia
arrogan_____ia
dul_____ura
anali_____es
prin_____e_____a
lidera_____go

salva_____ión
ten_____ión
piani_____ta
macha_____o
deli_____io_____a
ven_____er
idio_____incra_____ia
locali_____ar
calor_____ito
estable_____er

ESPAÑOL

Autobiografía

Escribe tu autobiografía contestando los siguientes datos y dibujándote a ti mismo.

Nombre: ____________________

Fecha de Nacimiento: ____________________

Lugar donde Naciste: ____________________

Describe a tu familia: ____________________

____

____

Escribe sobre los hechos más importantes de tu vida: ____________________

____

____

____

____

____

____

____

____

____

____

ESPAÑOL

La Entrevista

Escoge a un compañero, profesor o cualquier empleado de tu escuela, entrevístalo y anota tus resultados.

Nombre del entrevistado: ______________________________

Edad: ______________

Título: ______________________________

Introducción: ______________________________

____

____

____

Cuerpo:

¿A qué se dedica? ______________________________

¿Por qué? ______________________________

____

¿Qué le gusta de la escuela? ______________________________

____

¿Qué le disgusta de la escuela? ______________________________

____

¿Qué le gusta hacer cuando no está en la escuela? __________

____

¿Qué hiciste o harás al terminar la primaria? __________

____

____

¿Qué diferencias notas en esta generación con respecto a las anteriores? ______________________________

____

____

¿Qué opinas de esta generación de sexto de primaria? __________

____

____

ESPAÑOL

Complementos Circunstanciales

Subraya el complemento circunstancial de cada oración y escribe de qué clase es.

La muchacha, por las mañanas, tiene una tos ligera.

____

Doña Rosa madruga bastante.

____

Los agricultores labraban la tierra con los azadones.

____

Ahora mismo, pensaba yo en los niños sin hogar.

____

Matilde está en Cartagena.

____

Estudiaré mucho para conseguir el primer lugar.

____

Escribe una oración que lleve un complemento circunstancial de la clase que se te indica a continuación.

Tiempo:

____

Lugar:

____

Modo:

____

Cantidad:

____

Selecciona uno de tus libros de texto y escribe la siguiente ficha bibliográfica.

Selecciona uno de tus libros favoritos y escribe la siguiente ficha de contenido.

Tema: ______

Referencia Bibliográfica: ______

Contenido: ______

Signos de Puntuación

Coloca los signos de puntuación donde hagan falta.

La Energía Solar

El Sol fuente de vida y origen de las demás formas de energía que el hombre ha utilizado desde los albores de la historia puede satisfacer todas nuestras necesidades si aprendemos cómo aprovechar de forma racional la luz que continuamente derrama sobre el planeta Ha brillado en el cielo desde hace unos cinco mil millones de años y se calcula que todavía no ha llegado ni a la mitad de su existencia

Durante el presente año el Sol arrojará sobre la Tierra cuatro mil veces más energía que la que vamos a consumir

Muchas regiones de América Central y del Sur por su privilegiada situación y climatología se ven particularmente favorecidas respecto al resto de los países de Europa ya que sobre cada metro cuadrado de su suelo inciden al año unos 1.500 kilovatios-hora de energía Esta energía puede aprovecharse directamente o bien ser convertida en otras formas útiles como por ejemplo en electricidad

ESPAÑOL

El Cuento

Escribe un cuento con los siguientes personajes:

protagónico

antagónicos

incidentales

Título: ______________________

Planteamiento: ______________________

Nudo: ______________________

Desenlace: ______________________

Metáfora y Comparación

Convierte las siguientes comparaciones en metáforas.

Sus cabellos eran como hilos de plata y bronce.

____

Su piel es blanca como la nieve.

____

Sus ojos brillan como el sol a medio día.

____

Sus ojos estaban como ríos después de la lluvia.

____

Carlos es más astuto que un zorro.

____

Linda camina como bailarina.

____

Escribe cinco comparaciones y cinco metáforas.

Metáforas

____

____

____

____

____

Comparaciones

____

____

____

____

____

ESPAÑOL

Campos Semánticos

Encierra en un círculo las palabras que no correspondan al mismo campo semántico.

tallo, oxígeno, flores, plantas, hojas, raíz, madera, pistilo

días, martes, sábado, viernes, junio, miércoles, lunes, jueves

Flor de Liz, Girasol, Ahuehuete, Crisantemo, Margarita, Rosa

clarinete, triángulo, tambor, piano, saxofón, pandero, claxon

edificio, casa, rascacielos, mansión, departamento, barco, local

Escribe palabras que se relacionen con los siguientes campos semánticos.

Escuela:

___

Universo:

___

Agua:

___

Dulce:

___

Salado:

___

ESPAÑOL

Cuadro Sinóptico

Investiga sobre la estructura del ojo humano y completa el siguiente cuadro.

El Ojo

Medios transparentes	Medios no transparentes
______________	______________
______________	______________
______________	______________
-Córnea	-Retina: ______________
-Cámara anterior: ______________	-Esclerótica: ______________
-Cámara posterior: ______________	-Iris: ______________
	-Cuerpos ciliares: ______________

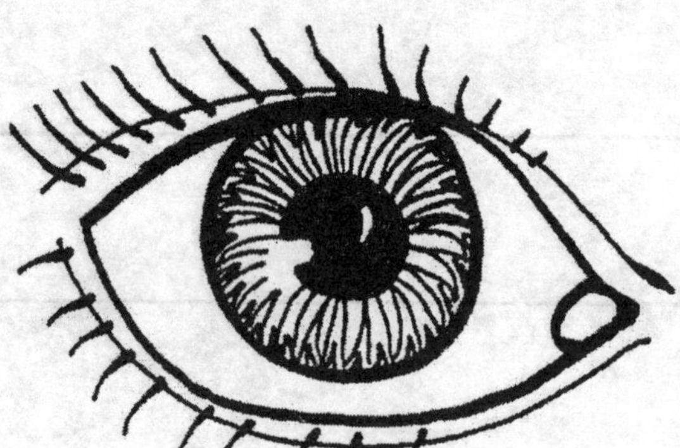

MATEMÁTICAS

Series Numéricas

Escribe los números que continúan a cada serie.

3, 1, 6, 1, 9, 1, ______
15, 26, 37, 48, 59, ______
1, 5, 1, 5, 1, ______
9, 18, 36, 72, 156, ______
-10, -20, -40, -80, -160, ______
-6, -18, -54, -162, -486, ______
12, 1, -10, -21, -32, -43, ______
-4, 8, -16, 32, -64, ______
1, 1, 2, 3, 5, ______
5, 3, 1, -1, -3 ______
17, 14, 11, 8, 5, ______
2, 6, 18, 54, 162, ______
10, 2, -6, -14, -22, ______

Escribe mayor que y menor que según corresponda.

789___166 675___5377 348712389___96379437

678___453 724___258 895___547

7053___0863 4561___1246 74___23

457___6804 132___345 5648___3456

10835___80123 10937___10482 74929___89022

MATEMÁTICAS

Variación Proporcional y No Proporcional

Completa las tablas con la siguiente información.

En un gimnasio, al hacerle una prueba de esfuerzo a un hombre se obtuvieron los siguientes datos:

Litros de sangre que bombea el corazón	20	35	40	50	60	65
Minutos de ejercicio	4			10		

Se realizó una compra de 7 cuadernos por $24.50. ¿Cuántos cuadernos se podrán comprar con las siguientes cantidades?

Dinero $	24.50	38.50	35.00			
Número de cuadernos	7		10		25	30

Un grupo de estudiantes, para ganar un poco de dinero, decidió lavar las ventanas de sus vecinos. ¿Cuánto tiempo tardan en lavar las ventanas de una casa?

Tiempo en minutos	60	50				10
Número de estudiantes	1		3			6

Si el precio del kilo de mangos está a $14.00, ¿cuáles serán los precios para los distintos pesos?

Peso kg.	.25	.50	1	1.50	2	3
Precio $			21.00		42.00	

MATEMÁTICAS

Tablas y Gráficas

Completa las tablas y gráficas con la siguiente información.

Número de veces que rueda la llanta			18			
Segundos	1	2	3	4	5	6

Kilos Envasados	Tiempo Empleado
120	20
	60
240	
	15
	45

Pelotas	Gramos
2	8
	16
6	
	80

MATEMÁTICAS

Múltiplos y divisores

Encuentra los múltiplos de los siguientes números y escríbelos en los recuadros.

3								
4								
6								
7								
15								
23								

Escribe el máximo común divisor de los siguientes números.

12 ____	9 ____	64 ____
43 ____	46 ____	91 ____
10 ____	33 ____	52 ____
11 ____	22 ____	78 ____
78 ____	65 ____	82 ____

MATEMÁTICAS

Áreas

Escribe el área de cada figura con los datos que están a continuación.

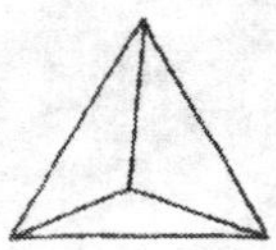

3m. por lado a=______________

6m. por lado a=______________

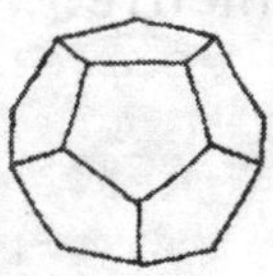

4m. por lado a=______________

7m. por lado a=______________

Resuelve el siguiente problema.

¿Cuál es el área de un bote que tiene 15 cm. de diámetro y 30 cm. de altura?

a= ______________

MATEMÁTICAS

Fracciones

Encierra en círculos del mismo color, las fracciones que sean equivalentes.

$\frac{4}{3}$ $\frac{5}{7}$ $\frac{8}{3}$ $\frac{2}{11}$ $\frac{6}{9}$

$\frac{16}{6}$ $\frac{15}{21}$ $\frac{4}{22}$ $\frac{2}{3}$ $\frac{12}{9}$

Relaciona las fracciones con sus equivalentes correctamente.

$\frac{1}{3}$	$\frac{21}{9}$
$\frac{5}{2}$	$\frac{18}{10}$
$\frac{7}{3}$	$\frac{3}{9}$
$\frac{2}{7}$	$\frac{10}{35}$
$\frac{9}{5}$	$\frac{10}{4}$

MATEMÁTICAS

Temperatura

Contesta las siguientes preguntas.

¿En qué lugares se utilizan más los grados Fahrenheit?

____

¿A cuántos grados Celsius hierve el agua?

____

¿Cuál es la equivalencia en grados Fahrenheit de 100°C?

____

¿En qué medida de grados Fahrenheit se congela el agua?

____

Realiza las siguientes conversiones.

34°C= ____°F   58°F= ____°C   22°C= ____°F

82°F= ____°C   7°C= ____°F   43°F= ____°C

4°C= ____°F   17°F= ____°C   77°C= ____°F

MATEMÁTICAS

Operaciones con Fracciones

Resuelve las siguientes sumas, encontrando el mínimo común múltiplo de los numeradores.

$$\frac{4}{8} + \frac{8}{7} + \frac{6}{4} = \_\_\_ + \_\_\_ + \_\_\_ = \_\_\_$$

$$\frac{9}{3} + \frac{6}{4} + \frac{7}{4} = \_\_\_ + \_\_\_ + \_\_\_ = \_\_\_$$

$$\frac{5}{9} + \frac{4}{3} + \frac{4}{10} = \_\_\_ + \_\_\_ + \_\_\_ = \_\_\_$$

Resuelve las siguientes restas, encontrando el mínimo común múltiplo de los numeradores.

$$\frac{6}{2} - \frac{5}{7} = \_\_\_ - \_\_\_ = \_\_\_$$

$$\frac{9}{3} + \frac{2}{9} = \_\_\_ - \_\_\_ = \_\_\_$$

$$\frac{8}{2} + \frac{5}{8} = \_\_\_ - \_\_\_ = \_\_\_$$

$$\frac{11}{5} + \frac{2}{8} = \_\_\_ - \_\_\_ = \_\_\_$$

MATEMÁTICAS

Potencias

Relaciona las tres columnas.

$2 \times 2 \times 2 =$	2×3	8
$2 + 2 + 2$	2^3	9
3×3	3^2	6

Calcula lo que se te pide.

$1^2 = 1 \times 1 =$ ____ $\quad$ $1^3 = 1 \times 1 \times 1 =$ ____

$2^2 = 2 \times$ ____ $=$ ____ $\quad$ $2^3 =$ ____ $\times$ ____ $\times$ ____ $=$ ____

$3^2 =$ ____ $\quad$ $3^3 =$ ____

Escribe la equivalencia de las potencias con números naturales.

$15^2=$	$12^3=$	$6^4=$
$4^5=$	$8^6=$	$5^7=$
$9^8=$	$4^5=$	$3^3=$

MATEMÁTICAS

Porcentajes

Resuelve los siguientes problemas de acuerdo con la siguiente información de la tabla.

Artículos	Precio
Blusa	$220.00
Falda	$300.00
Pantalón	$445.00
Vestido	$380.00
Chamarra	$460.00

¿Cuánto cuesta un pantalón con un descuento del 15%? $_______

¿Cuánto cuesta una chamarra con descuento del 40%? $_______

Si María compró una falda y una blusa, ¿cuánto pagó si ambas tenían un descuento del 30%? $_______

Resuelve los siguientes problemas.

En una panadería hay un total de 60 pasteles. El 25% de ellos son de chocolate y el 35% de fresa. ¿Cuántos pasteles de limón hay?

R=________________

En un concurso de pintura se destinaron $3000.00 para premios. Para el primer premio se dará un 60% del total y para el segundo un 30%. ¿Cuánto se llevará el ganador del tercer premio?

R=________________

MATEMÁTICAS

Volúmenes

Resuelve los siguientes problemas.

Calcula el volumen, en centímetros cúbicos, de una habitación que tiene 5m. de largo, 40dm. de ancho y 2500mm. de alto.

V= ______________

La alberca de mi prima tiene 7m. de largo, 5m. de ancho y 1.5m. de profundidad. La van a pintar por $50 el metro cuadrado. ¿Cuánto costará pintarla y cuántos litros de agua serán necesarios para llenarla?

R= $______________

R= ______________l.

En una bodega que mide 5m. de largo, 3m. de ancho y 2m. de alto quieren almacenar cajas que miden 10dm. de largo, 6dm. de ancho y 4dm. de alto. ¿Cuántas cajas se podrán guardar?

R= ______________

Calcula la cantidad de hojalata que se necesitará para hacer 10 botes de forma cilíndrica de 10cm. de diámetro y 20cm. de altura.

R= ______________

Determina el área total de un tetraedro que tiene 5cm. de arista.

R= ______________

Convierte todas las unidades a metros y súmalas.

0.03 km. = ________m 12 dm. = ________m

2.45 hm. = ________m 5.6 cm. = ________m

3.5 dm. = ________m 7.9 mm. = ________m

Total = ________m Total = ________m

Convierte todas las unidades a litros y súmalas.

40.3 dal. = ________l 0.21 dl. = ________l

23.4 dl. = ________l 0.3 cl. = ________l

9.2 cl. = ________l 0.89 ml. = ________l

Total = ________l Total = ________l

Observa la tabla y contesta.

Tipo de carne	Ternera	Cordero	Cerdo	Pollo
Calorías por cada 100 g.	99	131	156	99

¿Cuántas calorías tiene un filete de ternera de 250g.? ________

¿Y un filete de cerdo de 400g.? ________

¿Cuántas calorías tiene 1.5kg de cordero?¿Y 0.5kg. de pollo?

____

MATEMÁTICAS

Divisiones

Resuelve las siguientes operaciones.

8 ⟌ 30.6	0.2 ⟌ 124	0.3 ⟌ 375	34 ⟌ 583.8
12 ⟌ 44.22	0.12 ⟌ 4052	4.8 ⟌ 57.60	9.6 ⟌ 5616
7 ⟌ 894.9	0.9 ⟌ 29.45	0.08 ⟌ 32	4 ⟌ 74.96
3 ⟌ 62.6	7.8 ⟌ 54.05	8 ⟌ 99.16	0.7 ⟌ 20.33

De acuerdo con la siguiente información realiza las siguientes conversiones.

1 pulgada = 2.54 cm.
1 pie = 12 pulgadas = 30.48 cm.
1 yarda = 3 pies = 91.44 cm.
1 braza = 2 yardas = 1.829 m.
1 milla = 880 brazas = 1.609 km.
1 onza = 28.3 g.
1 libra = 454 g.

2 pulgadas = ________________ km.

3 millas = ________________ m.

1 yarda = ________________ m.

4 pies = ________________ km.

2.5 pulgadas = ________________ m.

2 onzas = ________________ g.

3 libras = ________________ kg.

3 pies = ________________ m.

CIENCIAS NATURALES

La Materia

Encuentra en la sopa de letras las palabras que describen la información que está a continuación.

1. Son partículas que forman el átomo, con carga electrónica positiva.
2. Son grupos de átomos.
3. Son partículas que forman el átomo, con carga electrónica neutra.
4. 106 elementos que se agrupan en esta tabla.
5. Son partículas que forman el átomo, con carga electrónica negativa.
6. Cada elemento químico se constituye por unidades más pequeñas que son:

P	E	R	I	Ó	D	I	C	A
A	S	D	F	Ñ	N	L	K	J
E	R	Q	W	T	E	P	I	U
M	O	L	É	C	U	L	A	N
Z	D	C	V	Á	T	M	H	B
E	L	E	C	T	R	Ó	N	X
N	R	Y	U	O	Ó	E	R	Q
A	S	D	F	M	N	U	P	Ñ
Q	X	P	R	O	T	Ó	N	L

CIENCIAS NATURALES

El Origen de la Vida

Encuentra las palabras que completan el crucigrama con la información que viene a continuación.

1. Es una teoría que decía que podía existir vida animal y vegetal de forma espontánea a partir de materia inanimada como, surgir gusanos del fango y moscas de la carne.

2. Ésta explica que con la acumulación de materia orgánica y su transformación en moléculas más complejas, se hizo posible que se efectuara la aparición de los seres vivos.

3. Esta teoría afirma que cada especie fue creada por separado, ocurrida por un acto divino hace unos 6,000 años.

4. La teoría supone una distribución universal o extraterrestre de gérmenes vivos que llegaron a la Tierra por medio de un meteorito.

Crecimiento y Evolución Humana

Investiga y ordena correctamente las diferentes especies humanas para completar la tabla.

Homo Neardenthalensis, Homo Sapiens, Australopithecus Boisei, Australopithecus Afarensis, Australopithecus Africanus, Homo Erectus, Homo Habilis, Australopithecus Anamensis

Hombre	Características	Ilustración

El Clima

Contesta las siguientes preguntas.

¿Qué es el clima? ______________________

____

¿Cuáles son los cuatro elementos que conforman el clima?

____

Explica por qué se producen los vientos.

____

Escribe con qué aparato se miden los siguientes elementos:

precipitaciones ______________

vientos ______________

temperaturas ______________

presión atmosférica ______________

¿Qué es un ciclón?

____

Escribe las características del clima desértico.

____

____

Escribe las características de la Sabana.

____

____

Con la ayuda de un mapa localiza y escribe lo que se te pide.

Tres países que se encuentren en una zona de clima frío.

____

Tres países que se encuentren en zonas templadas.

____

Tres países que se encuentren en zonas cálidas.

____

CIENCIAS NATURALES

La Adolescencia y Pubertad

Une con líneas rojas las características de los cambios físicos en la pubertad de las mujeres y con azul el de los hombres. Se pueden repetir.

- Engrosamiento de la voz.
- Crecimiento del pene.
- Crecimiento de las mamas, caderas y muslos.
- Crecimiento de vello púbico.
- Cambios en la vagina, el útero y los ovarios.
- Emisión nocturna de semen.
- Inicio de menstruación y fertilidad.
- Presentación de la ovulación.
- El eje Hipotálamo-Hipófisis-Adrenal es el primer eje que se ve afectado.
- Se generan hormonas como la testosterona.
- Crecimiento de vello facial y corporal.
- Desarrollo de la musculatura.
- Aumento de estatura.
- El crecimiento es inducido por el estrógeno.
- Crecimiento de los testículos.
- Olor corporal.
- Cambios en la piel y acné.

CIENCIAS NATURALES

Reproducción Humana

Escribe si son verdaderas o falsas las siguientes frases.

Los espermatozoides ascienden por las vías genitales femeninas hasta las trompas de Falopio. ____________

Si un espermatozoide penetra en un óvulo maduro se producirá el parto. ____________

La gestación o embarazo es un periodo que dura aproximadamente 11 meses. ____________

En la nidación se produce la formación de todos los órganos del nuevo ser humano. ____________

La madre y el embrión permanecen unidos por el cordón umbilical. El embrión se alimenta a través de la placenta. ____________

A partir del cuarto mes, se denomina feto al embrión. ____________

Durante las últimas semanas de gestación, el feto está cubierto por la bolsa amniótica. ____________

Ordena con números los periodos de desarrollo del feto.

( ) 

( ) 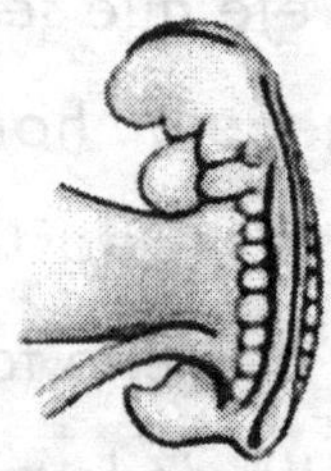

( ) 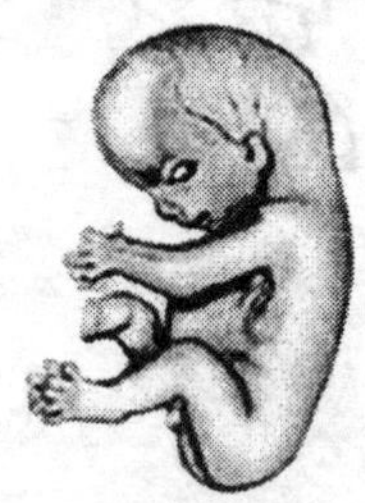

( ) 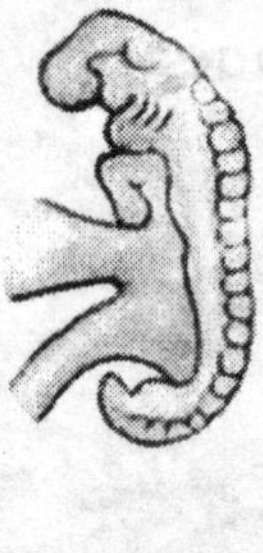

( ) 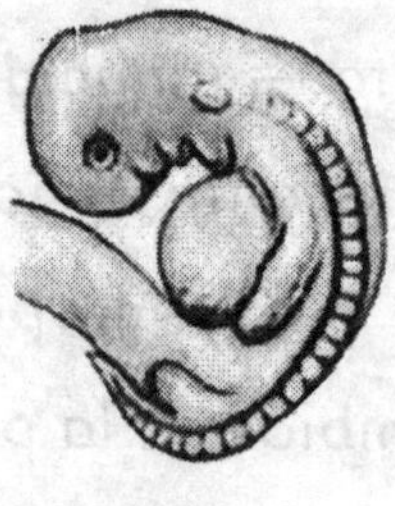

( ) 

CIENCIAS NATURALES

Sistemas del Cuerpo Humano

Relaciona las siguientes columnas correctamente.

Sistema esquelético ( )	1. Capta el oxígeno para el cuerpo y expulsa dióxido de carbono.
Sistema linfático ( )	2. Transforma el alimento, absorbe los nutrientes y elimina los residuos.
Sistema reproductor ( )	3. Filtra la sangre y elimina sustancias residuales.
Sistema nervioso ( )	4. Permiten el movimiento y proporcionan soporte al resto de los órganos.
Sistema digestivo ( )	5. Se encarga del transporte de sustancias y de la defensa frente a las infecciones.
Sistema respiratorio ( )	6. Coordinan los demás sistemas, captan estímulos medioambientales.
Sistema excretor ( )	7. Se encarga de la reproducción y el desarrollo.
Boca, Faringe, Esófago, ( ) estómago e intestinos	8. Son órganos que forman el sistema respiratorio.
Fosas nasales, Laringe, ( ) Pulmones, Tráquea	9. Son órganos que forman el sistema digestivo.

CIENCIAS NATURALES

El Ciclo del Agua

Contesta las siguientes preguntas.

Describe cómo se efectúa el ciclo del agua.

___

___

¿Por qué es importante que se lleve a cabo este ciclo?

___

Dibuja con flechas y números el curso del ciclo del agua.

CIENCIAS NATURALES

Herencia Biológica

Contesta las siguientes preguntas.

¿Qué son los genes?

____

Explica la teoría de Darwin y la Selección Natural.

____

____

¿Qué elementos forman a los genes?

____

Explica la teoría de los Usos y desusos?

____

____

Dibuja las características de las caras de los hijos según la información que está a continuación.

Madre
ojos azules
cabello rubio

Padre
ojos cafés
cabello castaño

Madre
ojos cafés
cabello castaño

Padre
ojos verdes
cabello negro

GEOGRAFÍA

Regiones Continentales

Anota los datos que se te piden sobre las distintas regiones continentales e ilústralas.

Asia

Países ______________________________

Idiomas ______________________________

Religiones ______________________________

Plantas ______________________________

Vestimentas ______________________________

África

Países ______________________________

Idiomas ______________________________

Religiones ______________________________

Plantas ______________________________

Vestimentas ______________________________

GEOGRAFÍA

Escalas y Simbología

Responde las siguientes preguntas.

¿Cómo se mide el territorio de un país?

____

____

¿Qué tipo de escalas se utilizan para medir los territorios?

____

____

¿Cómo funcionan las escalas y para qué se utilizan?

____

____

Investiga la siguiente simbología utilizada en los mapas y escribe lo que significa.

Símbolo	Significado	Símbolo	Significado
═══════	____________	+ + - + - + - +	____________
━━━━━━━	____________	+ - - + - - + - -	____________
───────	____________	- . - . - . - . - . -	____________
■■■■■■■■■■ ■■■■■■■■■■	____________		____________
+++++++++++	____________		____________

GEOGRAFÍA

Tipos de Climas

Escribe los tipos de climas que predominan en los siguientes lugares.

América del Norte ______________________________

Europa Occidental ______________________________

Asia Oriental ______________________________

Oceanía ______________________________

La Antártida ______________________________

Escribe las características de los siguientes climas.

Clima Tropical ______________________________
____

Clima Polar de Tundra ______________________________
____

Clima Desértico ______________________________
____

Clima Templado ______________________________
____

Clima Árido ______________________________
____

Clima Polar ______________________________
____

GEOGRAFÍA

Recursos Naturales

Responde las siguientes preguntas.

¿Cuándo un elemento de la naturaleza se convierte en recurso natural? ______________________________
____

¿Qué tipo de recursos naturales tardan más en recuperarse y por qué? ______________________________
____

¿Qué son las materias primas y para qué sirven? ______________
____

¿Qué es el desarrollo sustentable? ______________________
____

Escribe los principales recursos naturales que producen los siguientes países.

México	______________	España	______________
	______________		______________
Argentina	______________	Rusia	______________
	______________		______________
Colombia	______________	India	______________
	______________		______________
Canadá	______________	Japón	______________
	______________		______________
Francia	______________	Egipto	______________
	______________		______________

GEOGRAFÍA

Países y Continentes

Escribe la capital y el continente al que pertenece cada país.

Hungría ____________ ____________

Chad ____________ ____________

Albania ____________ ____________

Guinea ____________ ____________

Austria ____________ ____________

Bahamas ____________ ____________

Bosnia ____________ ____________

Botswana ____________ ____________

Israel ____________ ____________

Cuba ____________ ____________

Croacia ____________ ____________

Jordania ____________ ____________

Togo ____________ ____________

Ruanda ____________ ____________

Nepal ____________ ____________

Haití ____________ ____________

Estonia ____________ ____________

Siria ____________ ____________

Mali ____________ ____________

Surinam ____________ ____________

Lituania ____________ ____________

Panamá ____________ ____________

Turquía ____________ ____________

Angola ____________ ____________

Bangladesh ____________ ____________

Santa Lucía ____________ ____________

Fidji ____________ ____________

Lesoto ____________ ____________

Filipinas ____________ ____________

Guyana ____________ ____________

Samoa ____________ ____________

Comores ____________ ____________

Yemen ____________ ____________

Palau ____________ ____________

Bolivia ____________ ____________

Vanuatu ____________ ____________

GEOGRAFÍA

Minería y Petróleo

Contesta las siguientes preguntas.

¿Por qué es importe el petróleo?

¿Cuáles son los derivados del petróleo?

¿Cuáles son los metales que principalmente se extraen?

Menciona la importancia de la minería en nuestro país.

Completa la siguiente tabla.

Elementos	Países Productores	Usos
Petróleo		
Gasolina		
Oro		
Plata		
Bronce		
Cobre		
Hierro		
Carbón		

GEOGRAFÍA

Climas y Países

Escribe los principales climas de los siguientes países.

México ______________________________
Alaska ______________________________
Colombia ______________________________
Argentina ______________________________
El Salvador ______________________________
Corea del Sur ______________________________
Francia ______________________________
Alemania ______________________________
Costa Rica ______________________________
Italia ______________________________
Rusia ______________________________
Japón ______________________________
Australia ______________________________

Contesta las siguientes preguntas.

Describe el tipo de clima que predomina en tu comunidad.

____

¿Qué clase de flora y fauna se encuentran en ella?

____

¿Cómo afecta el clima en el desarrollo económico de una comunidad?

____

¿Qué tipo de medidas se pueden tomar para evitar catástrofes?

____

GEOGRAFÍA

Actividades Económicas

Escribe las características de las siguientes actividades.

Actividades Primarias: ______________________________

Actividades Secundarias: ______________________________

Actividades Terciarias: ______________________________

Escribe 5 ejemplos de cada una de las siguientes actividades.

Actividades Primarias: ______________________________

Actividades Secundarias: ______________________________

Actividades Terciarias: ______________________________

Contesta las siguientes preguntas.

Escribe qué clase de actividad económica México desempeña más.

____

Describe en qué consisten esas actividades económicas.

____

Escribe algunos productos derivados de dichas actividades económicas. ______________________________

HISTORIA

La Independencia

Completa las siguientes frases.

En reuniones que aparentaban ser culturales, Ignacio Allende, ____
____
fueron los principales iniciadores del movimiento independentista.

A las ______________________________ 1810, se llamó a misa al pueblo y con el grito "¡Mexicanos, viva México!", ¡"________________________"! y "¡Muera el mal gobierno!", Hidalgo incitó al pueblo a levantarse contra los españoles.

En ______________, Hidalgo fue nombrado General del ejército, Allende fue nombrado ______________ y Aldama Mariscal, esto con el fin de organizar un poco a la gente.

______________________________ fueron condenados a morir fusilados. Sus cabezas las pusieron dentro de jaulas y las colgaron en las 4 esquinas de la ______________________.

Morelos redactó la famosa Constitución de ____________ en 1814 e inspirada en la ______________ de 1793 y la Española de 1812.

Morelos fue hecho prisionero y fusilado el ________________________________ en San Cristóbal Ecatepec.

El __________________, el ejército Trigarante, con Iturbide al frente, hizo su entrada triunfal a México y el ______ se nombró al primer gobierno independiente. Así después de once años de lucha, México se proclamó como un país ______________.

HISTORIA

El Porfiriato

Responde las siguientes preguntas.

¿De cuántas etapas se compone el Porfiriato y de qué fecha a qué fecha abarcaron?

___

¿Qué exponía el plan de Tuxtepec?

___

¿Cuál fue el lema de la dictadura de Porfirio Díaz?

___

¿Qué sectores económicos fueron los beneficiados durante el Porfiriato?

___

¿Qué tipo de inversiones apoyó el gobierno de Porfirio Díaz?

___

___

¿Qué exponían las leyes impuestas por Díaz?

___

La oposición a Díaz estaba dividida en tres grupos fundamentales, ¿cuáles eran éstos?

___

¿Madero en cuál partido político militaba?

___

¿Qué exponía el Plan de San Luis?

___

¿Qué sucedió el 25 de mayo de 1911?

___

¿Qué proponía el plan de Ayala?

___

¿Cuándo tomó el poder Francisco I. Madero?

___

HISTORIA

La Revolución Mexicana

Responde las siguientes preguntas.

1. Los factores que contribuyeron al estallido de la revolución son:
2. La política personalista de Díaz obstaculizó a profesionales, artesanos,
3. A pesar de esas dificultades, la clase media y obrera se organizó en un partido
4. Tras la muerte de Madero, se inició una nueva fase de carácter contrarrevolucionario
5. En el norte se sublevan contra Huerta:
6. Huerta dimitió en 1914 y una nueva fase
7. Carranza organizó en Veracruz
8. En el norte, en 1916, Pancho Villa ataca
9. En 1916 se reunió el congreso constituyente en Querétaro y en 1917 se publicó la
10. Carranza fue nombrado posteriormente presidente, cargo que ocuparía hasta
11. Los otros protagonistas de la Revolución Mexicana también tendrían un final

( ) desgraciado; Zapata fue asesinado en 1919 y Pancho Villa en 1923.

( ) del proceso revolucionario con la Convención de Aguas Calientes comienza.

( ) 1920, año en que fue asesinado.

( ) un gobierno constitucionalista.

( ) la marginalización social y económica, el gobierno reeleccionista y las libertades restringidas del Porfiriato.

( ) donde la figura central es Huerta, que gobernó hasta 1914.

( ) comerciantes, etc. a una mayor participación en la vida política del país.

( ) Nuevo México y los norteamericanos organizaron una expedición para capturar a Villa.

( ) constitución que todavía nos rige.

( ) Venustiano Carranza, Álvaro Obregón y Pancho Villa.

( ) político: el Partido Liberal Mexicano (PLM), formado en el año 1905.

HISTORIA

Plan de San Luis

Completa la siguiente información.

El Plan de San Luis Potosí fue un plan promulgado por el líder político mexicano ____________________.

Fue promulgado en __________, ya que Madero había huido de la prisión de San Luis Potosí tras ser encarcelado por el General

____________________.

El plan consistía en: ______________________________

____

____.

Además declaraba la no ____________________ como un principio supremo para México.

La fecha para dar inicio al levantamiento fue el ______________

__________, a las seis de la tarde.

Muy pronto llegaron a la Ciudad de México las copias del Plan de San Luis y ____________________ de 1910 fue descubierta una conspiración contra Díaz en la ciudad de ____________.

La rebelión desatada por Madero provocó la renuncia de ________

______________ en 1911, sin embargo la Revolución mexicana duraría más de una década y cobraría la vida de un número significativo de mexicanos.

HISTORIA

Intervención Francesa

Completa la siguiente información escribiendo los números de la información correcta del recuadro.

Una de las causas de la intervención francesa en México fue ____

Los conservadores mexicanos apostaron a que con un monarca extranjero recuperarían su influencia y el clero sus bienes confiscados, pero ____

Los liberales organizaron la resistencia contra los franceses y ____

Franceses y conservadores se aliaron contra los liberales dirigidos ____

Zacatecas se partió en dos departamentos ____

Después del triunfo de Mariano Escobedo en Coahuila sobre los franceses, Juárez ordenó a Auza ____

El triunfo del ejército liberal sobre los franceses significó la derrota del proyecto de nación encabezado por ____

El 5 de mayo de 1862 el ejército mexicano ____

1. los conservadores, quienes realizaron el último intento por alcanzar el poder.
2. la suspensión del pago de la deuda externa de México.
3. conservaron el control del estado hasta febrero de 1864.
4. se equivocaron, pues el emperador Maximiliano conservó vigentes las Leyes de Reforma.
5. Zacatecas y el de Fresnillo.
6. recuperar Zacatecas, establecer un gobierno provisional, reorganizar el ejército y fabricar armamento.
7. logró el retiro del ejército francés de nuestro territorio.
8. quienes fueron obligados a huir a Fresnillo y luego del estado.

HISTORIA

Pérdida de Texas

Contesta las siguientes preguntas.

El tratado en el cual se accedió a la separación de Texas fue:

¿Por qué a algunos políticos poderosos de los Estados Unidos les interesaba la incorporación de Texas?

¿Qué hicieron los conservadores al enterarse de los planes de Gómez Farías?

¿Qué hizo Santa Anna para darles un pretexto a los texanos para reclamar su independencia?

¿Cómo tomó el resto del territorio la independencia de Texas?

¿Por qué Santa Anna, al caer prisionero, ordenó a su ejército que abandonase el territorio de Texas?

¿En qué fecha el Congreso accedió a la separación de Texas a petición de Santa Anna?

HISTORIA

Constitución de 1857 y 1917

Completa la siguiente información.

La Constitución Federal de los Estados Unidos Mexicanos de 1857 fue una constitución de ideología liberal, redactada por el Congreso constituyente durante la presidencia de ________________.

Estableció las garantías ____________ a los ciudadanos mexicanos, la libertad de expresión, de asamblea, la libertad de portar armas.

Además prohibió los títulos de ____________, honores hereditarios y monopolios.

Ciertos artículos fueron contrarios a los intereses de la Iglesia Católica, como ____.

Debido al inicio de la Guerra de ___________, las pugnas entre liberales y conservadores, la Segunda Intervención francesa y por el establecimiento del Segundo Imperio Mexicano, _____ años más tarde, esta Constitución pudo establecerse en todo el territorio nacional.

Venustiano Carranza, como primer jefe del Ejército Constitucionalista, encargado del Poder Ejecutivo, convocó en _________________ al Congreso para presentar un proyecto de reformas a la Constitución de 1857.

El documento se le agregaron artículos como ____.

El _______________ de 1917 se firmó la Carta Magna vigente, en el Teatro de la República de la ciudad de ______________.

Esta constitución conjuntó los ideales _________________ del pueblo mexicano y que por su contenido social se definió como la primera Constitución social del siglo _____ en el mundo.

HISTORIA

Reconstrucción del México Cultural

Relaciona las siguientes columnas con líneas de diferentes colores.

Durante el gobierno de Obregón hubo una revolución, pero en el

José Vasconcelos, Secretario de Educación, puso en marcha una

Se esforzó porque la escuela primaria llegara a todo el país

Los que sabían debían enseñar a los que no sabían; además, se

En el campo, Vasconcelos organizó las misiones culturales, que eran

Vasconcelos fomentó las escuelas

Se preocupó por la alimentación

Vasconcelos apoyó a los músicos, los escritores y los pintores, como

La inspiración popular brindó la originalidad y fuerza al arte

---

grupos de estudiantes y profesionistas que se instalaban como maestros para alfabetizar, enseñar medidas de higiene y oficios.

mexicano, que alcanzó reconocimiento universal.

área de la educación y las artes.

y la salud de los niños.

ambiciosa campaña que llamó: Alfabeto, pan y jabón.

fundaron bibliotecas, se publicaron revistas y libros para todos.

técnicas, los talleres y en el campo, los huertos escolares.

y todos los mexicanos supieran leer y escribir.

Diego Rivera, José Clemente Orozco y David Alfaro Siqueiros.

FORMACIÓN CÍVICA Y ÉTICA

Leyes y Legalidad

Con los siguientes significados encuentra las palabras escondidas en la sopa de letras.

-La ______ (del latín lex, legis) es una norma jurídica dictada por el legislador donde se manda o prohíbe algo en consonancia con la justicia.

-El principio de ____________ actúa como parámetro para decir que un Estado es un Estado de Derecho.

-____________ quiere decir que la ley comprende a todos aquellos que se encuentran en las condiciones previstas por ella, sin excepciones de ninguna clase.

-La ley es ____________, lo que significa que tiene carácter imperativo-atributivo, es decir, que establece obligaciones y derechos.

-La ley es ____________ pues se dicta con carácter indefinido e interminable y sólo dejará de tener vigencia mediante su abrogación, subrogación y derogación por leyes posteriores.

-Es ____________ pues las leyes no se emiten para regular o resolver casos individuales, ni para personas o grupos determinados.

-La ley ____________ es la que establece principios por los que deberá regirse la legislación de un país.

F	U	N	D	A	M	E	N	T	A	L
A	L	S	F	Ñ	L	K	J	H	G	O
Q	G	E	N	E	R	A	L	W	E	B
R	T	Y	G	U	P	O	E	I	M	L
Z	M	B	N	A	U	C	Y	B	U	I
E	D	C	R	F	L	V	T	G	Y	G
P	I	K	L	M	J	I	U	H	N	A
O	Ñ	Q	Z	A	R	F	D	T	N	T
I	M	P	E	R	S	O	N	A	L	O
H	T	O	H	F	W	Y	I	Z	D	R
P	E	R	M	A	N	E	N	T	E	I
U	Q	A	J	I	S	F	R	X	N	A

FORMACIÓN CÍVICA Y ÉTICA

Gobierno Democrático

Responde las siguientes preguntas.

¿Qué es la democracia?

¿Cómo es un gobierno democrático?

¿Dónde surgió la democracia?

¿Quiénes tenían derecho a ser ciudadanos en la antigua Atenas?

Explica los distintos tipos en que la democracia se presenta.

Directa

Indirecta

Semidirecta

¿De qué tipo es la democracia que se ejerce en nuestro país?

FORMACIÓN CÍVICA Y ÉTICA

La Soberanía

Responde las siguientes preguntas.

¿Qué es la soberanía?

¿Dónde nació el concepto de soberanía?

¿Cómo son los países soberanos?

¿Por medio de quién ejerce el pueblo su soberanía?

¿Cuáles son los tres elementos de la soberanía?

¿De qué habla el artículo 39 de nuestra constitución?

¿De qué habla el artículo 40?

¿De qué habla el artículo 41?

¿Qué opinas de la soberanía en nuestro país?

FORMACIÓN CÍVICA Y ÉTICA

Poderes de la Unión

Escribe una "E" si las frases corresponden al poder ejecutivo, una "L" si corresponden al legislativo y "J" si corresponden al judicial.

Es el poder público, ejercido en interdependencia con las funciones legislativas y jurisdiccionales. _____

Se deposita en el Congreso, que se divide en dos cámaras, una de diputados y otra de senadores. _____

En los ámbitos de su competencia desarrolla dos funciones jurisdiccionales: la judicial propiamente dicha y la de control constitucional. _____

También es llamado administrativo y comprende la función pública, que se traduce en múltiples actos de autoridad. _____

Se deposita en la Suprema Corte de Justicia, el Tribunal Electoral, los Tribunales Colegiados, Unitarios de Circuito y en los Juzgados de Distrito. _____

Su tarea fundamental consiste en crear normas jurídicas, generales e impersonales denominadas leyes. _____

Es el órgano al que le corresponde la función de Gobierno y la Administración Pública federal. _____

Existe gracias a las facultades y funcionamiento de la Constitución Política de los Estados Unidos Mexicanos. _____

En el ejercicio de la función de control constitucional actúa como mantenedor y protector del orden instituido por la Constitución. _____

La Constitución le otorga facultades legislativas, político-administrativas y político-jurisdiccionales que se traducen en leyes, decretos y fallos respectivamente. _____

Radica en un solo individuo, denominado Presidente de los Estados Unidos Mexicanos y su investidura deriva de la voluntad popular. _____

Cuando realiza su función actúa como un juez que resuelve un conflicto de derecho: civil, administrativo, penal. _____

FORMACIÓN CÍVICA Y ÉTICA

La Constitución

Responde las siguientes preguntas.

¿Qué es una iniciativa de ley?

____

____

¿Qué son las comisiones legislativas?

____

____

¿Cómo se llevan a cabo las votaciones?

____

____

¿Cómo se modifican las leyes en la Constitución?

____

____

¿Qué es un decreto?

____

____

¿Cuáles son las leyes reglamentarias?

____

____

¿Cómo se crean las nuevas leyes?

____

____

¿Cuáles son las Garantías Individuales?

____

____

¿Cuáles son las tres partes que componen a la Constitución?

____

____

FORMACIÓN CÍVICA Y ÉTICA

Suprema Corte de Justicia

Completa la información.

La Suprema Corte de Justicia de la Nación es el máximo tribunal de México y del Poder ______________________________.

Le corresponde defender el __________ establecido por la Constitución Política de los Estados Unidos Mexicanos, mantener el equilibrio entre los diversos _________, órganos de gobierno y solucionar los asuntos judiciales de gran relevancia social.

Según el artículo ___ de la Ley Orgánica del Poder Judicial de la Federación, la suprema corte funciona en _________ o en Salas.

La Suprema Corte está conformada por ____ ministros, uno de ellos designado "Ministro Presidente".

Los ministros son electos para un periodo de ___ años.

Para su elección el ____________ de la República propone al Senado de la República una terna de candidatos para cada puesto.

El Senado elige a uno de ellos por una mayoría calificativa de ___ terceras partes.

Los requisitos para ser electo Ministro son: Ser _____________ mexicano por nacimiento, tener por lo menos ___ años cumplidos al momento de la designación, contar con el título de licenciado en ____________, con por lo menos ___ años de antigüedad, entre otros.

FORMACIÓN CÍVICA Y ÉTICA

El Ejército y la Marina

Responde las siguientes preguntas sobre el Ejército Mexicano.

¿De qué se encarga el ejército mexicano?

¿Quién es su máximo dirigente?

¿Cómo nace este órgano?

¿Qué día se festeja?

¿Qué otras labores desempeña el ejército mexicano?

Responde las siguientes preguntas sobre la Marina Mexicana.

¿Cuál es la función principal de la marina?

¿En qué fecha y por qué se festeja a la marina?

¿Quién se encarga de dirigir a la marina?

¿Qué otras tareas desempeña la marina?

FORMACIÓN CÍVICA Y ÉTICA

Nacionalidad

Con las siguientes definiciones completa el crucigrama.

1. De acuerdo con la Constitución Política de los Estados Unidos Mexicanos, la nacionalidad mexicana se adquiere por nacimiento o_______________

Son mexicanos por nacimiento:
2. Los que nazcan en el territorio ____________, sin importar la nacionalidad de sus padres.
3. Los que nazcan a bordo de ____________ o aeronaves mexicanas.
4. Son mexicanos por naturalización los extranjeros que obtengan de la Secretaría de ____________, una carta de naturalización; y la mujer o el varón extranjeros que contraigan 5. ____________ con mexicanos.

6. Todos los ____________ mexicanos tienen los mismos derechos y obligaciones que señala nuestra Constitución.

FORMACIÓN CÍVICA Y ÉTICA

Derechos de los Niños y las Niñas

Investiga y responde sobre los Derechos de la Niñez, según la Convención de la ONU de 1990.

Artículo 1º ____

Artículo 4º ____

Artículo 7º ____

Artículo 9º ____

Artículo 11º ____

Artículo 13º ____

Artículo 14º ____

Artículo 23º ____

Artículo 32º ____

Artículo 40º ____

Artículo 45º ____

¿A dónde se puede acudir en caso de que estos derechos sean violados? ____